BEI GRIN MACHT SICH IHR WISSEN BEZAHLT

- Wir veröffentlichen Ihre Hausarbeit, Bachelor- und Masterarbeit

- Ihr eigenes eBook und Buch - weltweit in allen wichtigen Shops

- Verdienen Sie an jedem Verkauf

Jetzt bei www.GRIN.com hochladen und kostenlos publizieren

Bibliografische Information der Deutschen Nationalbibliothek:

Die Deutsche Bibliothek verzeichnet diese Publikation in der Deutschen National-
bibliografie; detaillierte bibliografische Daten sind im Internet über http://dnb.d-
nb.de/ abrufbar.

Impressum:

Copyright © 2016 GRIN Verlag, Open Publishing GmbH
Druck und Bindung: Books on Demand GmbH, Norderstedt Germany
ISBN: 9783668382701

Tobias Hust

Augmented und Virtual Reality. Chancen, Risiken und Entwicklungsmöglichkeiten

GRIN Verlag

Augmented & Virtual Reality

Chancen, Risiken und Entwicklungsmöglichkeiten

Tobias Hust

Studienarbeit im Studiengang

Wirtschaftsinformatik

Eingereicht am 18.11.2016

Inhaltsverzeichnis

Abbildungsverzeichnis

Abkürzungsverzeichnis

AR .... Augmented Reality

CAVE .... Cave Automatic Virtual Environment

DLR .... Deutsches Zentrum für Luft- und Raumfahrt

HMD .... Head Mounted Display

VR .... Virtual Reality

1 Einleitung

Augmented Reality (AR) beschreibt die sogenannte „angereicherte Realität". Darunter können sich die Meisten zunächst einmal nur schwer etwas vorstellen. Und dennoch werden wir fast täglich damit konfrontiert, ohne es bewusst wahrzunehmen. Die TV-Übertragung eines Fußballspiels verdeutlicht ganz gut, was AR ist. Während des Spiels werden immer wieder Laufwege von Spielern, oder Abseitslinien auf dem Spielfeld eingeblendet. Der Stadionzuschauer sieht diese Linien nicht, weil sie in Wirklichkeit nicht existieren. Erst eine Augmentierung der Realität lässt die Kombination aus der realen Umgebung und virtuellen Elementen für den TV-Zuschauer zu seiner wahrgenommenen Realität werden. AR-Systeme verschmelzen die reale Welt also mit computergenerierten Elementen (s. Anhang A).

Der Begriff der Virtuellen Realität (VR) ist für uns schon greifbarer. Schließlich bewegen wir uns schon seit Jahrzehnten in virtuellen Welten, bspw. wenn wir ein Computerspiel spielen. VR ermöglicht es nun, komplett in die virtuellen Welten einzutauchen und sich dabei von der realen Umgebung abzuschotten. Dafür wird das Sichtfeld des Benutzers nur auf die Darstellung der Virtualität eingeschränkt, so dass zumindest keine optische, im Idealfall sogar gar keine Wahrnehmung der Realität mehr erfolgt.

Wie AR und VR technisch umgesetzt werden, wird im zweiten Kapitel, den Technischen Grundlagen, erklärt.

Beide Technologien besitzen ein großes Potential für betriebliche, private und medizinische Anwender. Welche Anwendungsszenarien mit dem heutigen Stand der Technik möglich sind und wo Augmented- und Virtual-Reality bereits erfolgreich eingesetzt werden, wird in dem Kapitel Chancen betrachtet.

Alle Erfindungen der Menschheit bringen gewisse Risiken mit sich. Davon sind auch AR und VR nicht ausgenommen. Deshalb wird im vierten Kapitel, Risiken, erläutert, welche negativen Folgen ein Einsatz haben kann.

Schließlich wird noch untersucht, in welche Richtung die weitere Entwicklung gehen kann und welche Anwendungsmöglichkeiten das eröffnet.

2 Technische Grundlagen

2.1 Augmented Reality

Augmented Reality basiert auf dem Prinzip, die Umgebung des Benutzers, also die Realität, mit zusätzlichen Informationen oder Objekten anzureichern. Dies geschieht im Wesentlichen in drei Schritten. Zunächst wird die Umgebung mit einer Kamera aufgezeichnet. Eine Tracking Software berechnet mithilfe verschiedener Techniken die genaue Position, sowie die Ausrichtung der Kamera und der Objekte im Raum. Hat die Software den dreidimensional Raum erfasst, werden die virtuellen Elemente eingefügt. Diesen Vorgang nennt man Registrierung. Hierfür werden das Koordinatensystem des erfassten Raumes und das der virtuellen Objekte zueinander in Beziehung gesetzt. Dabei ist es essentiell, dass das Tracking

System exakte Daten liefert, um eine optimale Illusion zu erzeugen. Im dritten Schritt wird die angereicherte Realität dann auf einem Ausgabegerät wiedergegeben.[1]

2.1.1 Trackingsysteme

Die Trackingsysteme werden unterschieden in nichtvisuelles und visuelles Tracking. Unter dem nichtvisuellen Verfahren versteht man den Einsatz von Sensoren wie Ultraschall, Infrarot, GPS, Kompass und Trägheitssensoren.[2] Auch Eye-Tracking ist mithilfe einer Kamera möglich.[3] In der Praxis kombiniert man meistens mehrere Sensoren, um die Genauigkeit zu erhöhen. Dies nennt sich Sensor Fusion.[4] Betrachtet man die Liste der nichtvisuellen Methoden, ist es logisch, warum moderne Smartphones immer mehr für AR-Anwendungen genutzt werden. Ein Großteil dieser Sensoren ist mittlerweile standardmäßig in den Geräten verbaut und bieten somit schon eine sehr gute Grundlage, um die Position im Raum bestimmen zu können.

Hinzu kommt, dass auch die Kameras der Smartphones immer höhere Auflösungen erzielen können. Somit ist auch die Voraussetzung für visuelles Tracking gegeben. Die visuellen Tracker lassen sich in zwei Kategorien einteilen: merkmals- und modellbasierte Systeme. Erstere suchen im Videobild nach zwei- oder dreidimensionalen Punkten, sogenannten Markern, und berechnen daraus die Kameraposition. Die einfachste und kostengünstigste Methode sind 2D-Marker, die aus schwarz-weißen Mustern bestehen. Das Muster wird direkt auf dem zu trackenden Objekt angebracht. Ihm kommt eine Doppelfunktion zu. Zum Einen markiert es die Position, zum Anderen besteht es aus einem Code, der die Informationen enthält, die angezeigt werden sollen.[5] Es gibt verschiedene Arten von Markern. Die bekanntesten sind QR-Codes. Allerdings bringen diese Marker auch Probleme mit sich. So ist die Identifizierung nicht mehr möglich, wenn die Muster ganz oder teilweise durch reale Objekte verdeckt werden. In großen Umgebungen müsste außerdem eine Vielzahl von Markern angebracht werden, was auch ästhetischen Ansprüchen gegenübersteht.[6]

Abhilfe schafft das ebenfalls merkmalsbasierte, aber deutlich komplexere feature-based Tracking. Diese Bildererkennungsmethode, die Anhaltspunkte in der Umgebung sucht (Linien, Punkte, Farbkontraste etc.), kommt ohne künstliche Marker aus. Aus mehreren natürlichen Anhaltspunkte kann die relative Position und Orientierung der Kamera errechnet werden.[7]

Modellbasierte Tracker hingegen beziehen sich auf dreidimensionale Referenz-Modelle, oder zweidimensionale Templates eines oder mehrerer in der Realität vorkommender Objekte. Der Videostream wird abgesucht nach Objekten, die den 3D-Modellen entsprechen, bzw. deren Oberfläche denen des Templates gleicht. Diese Technik ermöglicht es auch teilweise verdeckte Objekte und sich dynamisch ändernde Umgebungen zu identifizieren.[8] Ein

---

[1] Vgl. Schart/Tschanz (2015), S.37f

[2] Vgl. Mehler-Bicher et al. (2011), S.27f

[3] Vgl. Grimm et al. (2013), S.151-153

[4] Vgl. Schart/Tschanz (2015), S.43

[5] Vgl. Mehler-Bicher et al. (2011), S.29

[6] Vgl. Schart/Tschanz (2015), S.39f

[7] Vgl. Tönnis (2010), S.51

[8] Vgl. Mehler-Bicher et al. (2011), S.37

bekanntes Anwendungsgebiet für die modellbasierten Tracker ist die Gesichtserkennung. Hier verwendet man heutzutage meistens Elastic Bunch Graph Matching, da dies invariant zu Veränderungen des Hintergrunds, der Größe und Position, sowie der Helligkeit ist.[9] Bei dieser Technik wird über das Gesicht ein Raster aus Knoten und Kanten gelegt (s. Abb. 2.1). Da so ein dreidimensionales Bild erzeugt wird, können später relativ einfach weitere 3D-Objekte eingefügt werden.[10]

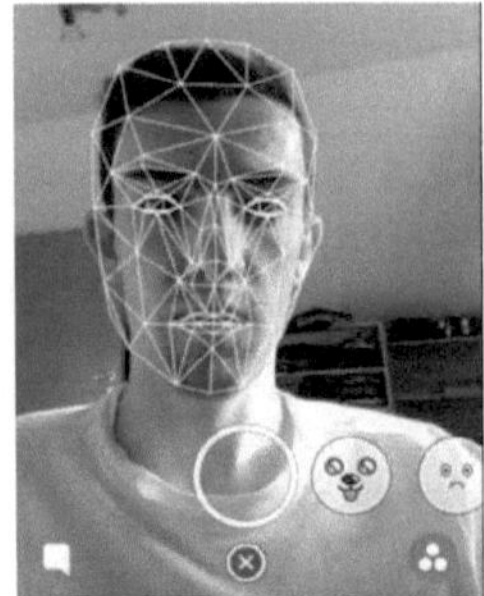

Abb. 2.1: *Elastic Bunch Graph Matching in der Foto-App "Snapchat"*

2.1.2 Registrierung

Alle genannten Trackingmethoden haben gemein, dass sie in sehr kurzen Intervallen stattfinden müssen, um Lageänderungen der Kamera oder der Objekte zeitnah, im Idealfall in Echtzeit erfassen zu können. Ist dies nicht der Fall kommt es zu Problemen mit der geometrischen Registrierung. Die virtuellen Objekte sollen fest in der realen Umgebung registriert werden. Dies nennt sich geometrische Registrierung. Photometrische Registrierung sorgt dagegen für eine korrekte Belichtung der augmentierten Realität.

Wenn die Kamera bewegt wird, bewegt sich die Umgebung entsprechend mit. Das virtuelle Objekt soll aber an Ort und Stelle stehen bleiben und sich nicht mit der geänderten Kameraperspektive bewegen. Ist die Trackingrate jedoch zu niedrig, bewegen sich die eingeblendeten Objekte aus Sicht des Betrachters kurzzeitig mit, um dann an ihre ursprüngliche Position zurückzuspringen. Das zerstört für den Betrachter die Illusion. Um dieses Problem zu lösen kann die Bildwiederholungsrate bei Video-See-Through Geräten (s. 2.1.3 Ausgabegeräte) an die Trackingrate angepasst werden. Ist die Bildwiederholungsrate jedoch zu niedrig, springt das Bild bei schnellen Kamerabewegungen abrupt um, was eine Diskrepanz zwischen der gefühlten Eigenbewegung und der optisch wahrgenommenen Bewegung hervorruft. Daher sollte es Ziel sein, die Trackingsysteme so schnell und genau wie möglich zu machen.

Ähnliche Probleme treten durch Latenz auf. Latenz ist die zeitliche Differenz zwischen einer Bewegung und der Berechnung und Umsetzung dieser Bewegung. Zusätzlich zu Verzögerungen aufgrund einer zu geringen Trackingrate, kommt noch die Zeit, bis das Koordinatensystem auf die Veränderung angepasst ist. Latenzen entstehen durch zu lange Signallaufzeiten, oder zu aufwendige Berechnungsverfahren.[11]

Während eine korrekte geometrische Registrierung grundlegend für eine angenehme AR-Erfahrung ist, sorgt die photometrische Registrierung für ein möglichst realistisches Erlebnis. Allerdings wird die photometrische Registrierung nur in wenigen Anwendungsfällen implementiert, da sie ohne Tiefenkameras (z.B. Microsoft Kinect) oder Systemen zur Laufzeitmessung von Signalen kaum sinnvoll umgesetzt werden kann. Meist finden sich solche Systeme deswegen nur in stationären AR-Geräten. Ohne Kenntnisse über die

---

[9]   Vgl. Rybach (2003), S.128

[10]   Vgl. Mehler-Bicher et al. (2011), S.40

[11]   Vgl. Dörner et al. (2013), S.264 - 268

Oberflächen in der Umgebung können Schatten und Reflexionen nicht richtig berechnet werden.[12]

2.1.3 Ausgabegeräte

Im letzten Schritt muss die erzeugte augmentierte Realität dargestellt werden. Auch dafür gibt es verschiedene Ansätze mit Vor-und Nachteilen. Grundsätzlich ist zwischen Handheld-Geräten, Projektionen, Optical-See-Through-Diplays und Video-See-Through-Displays zu unterscheiden. Die momentan am häufigsten verwendete Ausgabeform sind Handheld Geräte wie z.B. Smartphones und Tablets. Eine große Rolle dürfte hier die große Verbreitung solcher Geräte spielen. Nachteilig bei Handheld-Geräten ist, dass die Augmentierung nur perspektivisch korrekt zur Kamera erfolgt, nicht aber zum Betrachter, da der einen anderen Blickwinkel und ein größeres Sichtfeld hat.[13]

Projektionsbasierte Augmentierung wird für eine Mehrbenutzeranwendung verwendet, da sie nicht perspektivisch auf die einzelnen Betrachter abgestimmt wird. Eine freie Positionierung der Inhalte im Raum ist nicht möglich, da der Projektor unbeweglich im Raum steht und die Projektion auf bestehende Oberflächen beschränkt ist. Die Projektion muss auf die Objekte im Raum und deren Oberflächen abgestimmt sein. Sind diese Objekte beweglich, müssen sie getrackt werden.[14] Ein spezieller Anwendungsfall der projektionsbasierten Darstellung sind Head-Up-Displays. Hier werden zusätzliche Informationen auf eine Scheibe projiziert. Besonders hierbei ist, dass keine Tracker benötigt werden.[15]

Von Optical-See-Through spricht man, wenn die Realität unmittelbar sichtbar ist und nur stellenweise die zusätzliche Inhalte eingeblendet werden. Nachteilig dabei ist, dass oben genannte Probleme durch zu niedrige Trackingraten nicht einfach durch angepasste Bildwiederholungsraten ausgeglichen werden können. Diese Technik findet meist Anwendung bei Head Mounted Displays (HMD), also Geräten die am Kopf des Betrachters befestigt sind. Es existieren mehrere Ansätze, um optisches See-Through zu realisieren. Die häufigste Anwendung finden semi-transparente Spiegel, bei denen die virtuellen Inhalte von einem kleinen Display mittels einer Optik gespiegelt werden (s. Abb. 2.2). Ganz auf Optiken verzichten kann man mithilfe von moduliertem Laserlicht, das mit einem Spiegel auf die Retina gelenkt wird und das Bild direkt darauf projiziert.[16]

---

[12]   Vgl. Dörner et al. (2013), S.268 - 270

[13]   Vgl. Dörner et al. (2013), S.271

[14]   Vgl. Dörner et al. (2013), S.281f

[15]   Vgl. Mehler-Bicher et al. (2011), S.46

[16]   Vgl. Dörner et al. (2013), S.273-275

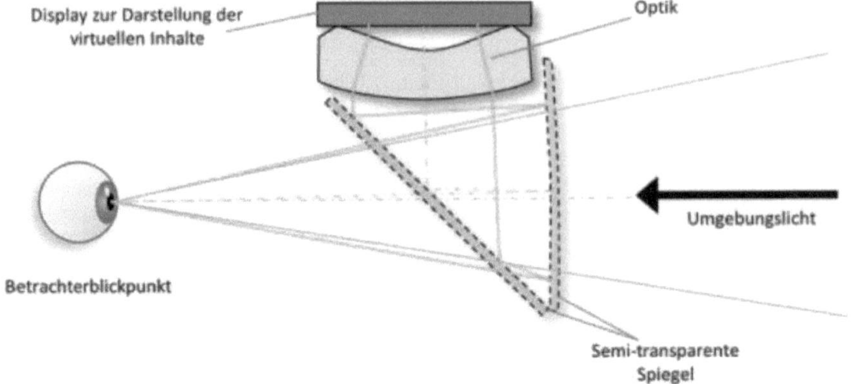

Abb. 2.2: Aufbau einer Optical-See-Through AR-Brille mit semitransparenten Spiegeln

Quelle: Dörner et al. (2013), S.275

Bei Video-See-Through müssen die Augen komplett umschlossen sein. Eine oder zwei, an die Brille angeschlossene Kameras nehmen die Umgebung auf und blenden sie als Hintergrundbild ein. Der Aufbau ähnelt dem der Video-See-Through-Brillen, mit dem Unterschied, dass auf dem Display die komplette augmentierte Realität abgespielt wird und dass der vordere Spiegel nicht semi-transparent ist, um kein Umgebungslicht durch zu lassen.[17]

Latenzen können bei Video-See-Through Geräten ausgeglichen werden, indem die Latenz gemessen und das Kamerabild entsprechend lange zwischengespeichert wird. Wenn die Tracking-Daten berechnet sind, werden die virtuellen Objekte angepasst auf das Kamerabild zum Zeitpunkt der Erfassung. Dadurch besteht die Latenz nicht mehr zwischen Realität und Virtualität, sondern für das Gesamtbild. Wird die Latenz nicht zu hoch, fällt sie dem Betrachter dadurch nicht mehr auf.[18]

2.2 Virtual Reality

2.2.1 Virtuelle Welten

Mit Virtual Reality kann ein Nutzer sich in einer virtuellen Umgebung bewegen und mit dieser interagieren. Die virtuellen Welten sind also aufgebaut aus dynamischen 3D-Objekten, die in Echtzeit auf Nutzereingaben reagieren. Einer der wichtigsten Aspekte bei VR ist die Echtzeitfähigkeit der Systeme. Der Nutzer soll sich wie in der Realität fühlen und keine Verzögerungen bemerken. Dabei müssen in einem Zeitschritt die Nutzereingaben erfasst und verarbeitet werden, die Welt muss entsprechend simuliert und gerendert werden und

---

[17]   Vgl. Dörner et al. (2013), S.271-273

[18]   Vgl. Dörner et al. (2013), S.268

schließlich muss das Ergebnis auf dem Display ausgegeben werden. Das heißt, dass die Welt nicht zu komplex gestaltet sein darf, weshalb es bei VR auch nicht so stark auf hochwertige Grafiken ankommt.[19]

2.2.2 Eingabegeräte/Interaktion

Zur Interaktion mit dem VR-System stehen unterschiedlichste Eingabemöglichkeiten zur Auswahl. Neben den, aus Augmented Reality Systemen bekannten visuellen und nichtvisuellen Trackingmethoden, gibt es außerdem noch elektromagnetisches Tracking und Eingabegeräte wie 3D-Mäuse, Flysticks und Bewegungsplattformen. Beim elektromagnetischen Tracking baut man ein Magnetfeld auf und misst mit Sensoren die Änderungen in der Stärke des Magnetfelds.[20] Flysticks sind Joysticks, an denen mehrere Reflektorkugeln angebracht sind (s. Anhang B). Dieses Prinzip basiert auf optischem Tracking, da Kameras die Reflexionen erfassen und daraus die Position des Flysticks errechnen können. Oft kommt hierbei, für das menschliche Auge unsichtbares Infrarotlicht zum Einsatz.[21] Neben den oben genannten Trackingverfahren, wird im VR-Bereich auch auf Finger- und Augentracking zur Interaktion gesetzt.[22]

In seiner realen Umgebung ist der Nutzer aber räumlich begrenzt und kann sich nicht so frei bewegen, wie er es in der virtuellen Welt unter Umständen kann. Aus diesem Grund wurden laufband-ähnliche Bewegungsplattformen entwickelt. Im Gegensatz zu herkömmlichen Laufbändern, auf denen eine Bewegung nur in eine Richtung möglich ist, kann man sich auf diesen Plattformen aber in alle Richtungen bewegen.[23]

2.2.3 Ausgabegeräte

Ziel der Ausgabegeräte ist es, eine möglichst hohe Immersion zu erreichen.[24] Immersion „beschreibt [...] den Eindruck, dass sich die Wahrnehmung der eigenen Person in der realen Welt vermindert und die Identifikation mit einer Person in der virtuellen Welt vergrößert."[25] Umso mehr der Nutzer also mit der virtuellen Welt interagieren und sich in ihr bewegen kann, desto größer ist die Immersion. Entscheidend ist dabei auch die Dreidimensionalität. Die Sinne die hauptsächlich mit Virtual Reality angesprochen werden, sind der optische, der akustische und der haptische Sinn.[26] Zur optischen Ausgabe stehen drei Arten zur Auswahl: Monitore, Projektionen und HMDs. Während Monitore und Projektionen nur stationär verwendet werden können, sind HMDs die einzigen mobilen VR-Ausgabegeräte.[27]

Um ein möglichst großes Sichtfeld bei möglichst hoher Auflösung zu erreichen, werden oft sogenannte Tiled Displays installiert. Das sind Bilder, die aus mehreren Projektionen oder

[19] Vgl. Jung/Vitzthum (2013), S.65-67

[20] Vgl. Grimm et al. (2013), S.110-113

[21] Vgl. Grimm et al. (2013), S.104-106

[22] Vgl. Grimm et al. (2013), S.114-117

[23] Vgl. Grimm et al. (2013), S.113 f

[24] Vgl. Grimm et al. (2013), S.127

[25] Riggers (o.J.)

[26] Vgl. Grimm et al. (2013), S.127

[27] Vgl. Grimm et al. (2013), S.129

mehreren Monitoren zusammengesetzt sind.[28] Ein klassisches Beispiel dafür sind CAVEs (Cave Automatic Virtual Environment). Eine CAVE ist ein Raum, in dem auf drei, je nach Aufbau auch vier Seitenwände und unter Umständen auch auf Boden und Decke Bilder projiziert werden. Dabei können sich mehrere Betrachter in einem gewissen Rahmen frei bewegen.[29]

Verwendet man HMDs im Anwendungsbereich von Virtual Reality, so sind dies in den allermeisten Fällen Brillen, die den Video-See-Through Brillen für Augmented Reality stark ähneln, mit dem entscheidenden Unterschied, dass keine Wahrnehmung der wirklichen Umgebung erfolgt. Statt der angereicherten Realität werden also rein virtuelle Welten auf den kleinen Bildschirmen dargestellt und mit einer Optik vergrößert. Aus diesem Grund entfällt auch die Integration einer Kamera. Diese Version von HMDs nennt sich Direktsicht-HMDs.[30] Es gibt zwei Arten von Direktsicht-HMDs. Die erste Variante verfügt über ein eigenes Display (bzw. mehrere Displays) und ist über eine Schnittstelle mit einem Rechner verbunden, der die Bilder liefert. Die zweite mögliche Bauart liefert nur die Optik. Darin wird ein Smartphone eingelegt, das gleichzeitig als Display und als Rechner fungiert.

Neben der optischen Ausgabe ist, für eine hohe Immersion, auch die akustische Ausgabe entscheidend. Diese variiert je nach Einsatzgebiet. Während man bei HMD-Systemen meistens auf Kopfhörerausgabe setzt, ist es bei projektions- oder monitorbasierten VR-Systemen eher sinnvoll Surround-Anlagen mit mehreren Lautsprechern einzusetzen. Um dem Nutzer auch ein haptisches Feedback geben zu können, kann man in die Eingabegeräte Vibrationsmotoren einbauen, oder Vibrationen mit Subwoofern erzeugen.[31]

3 Chancen

Sowohl Virtual-, als auch Augmented Reality stehen noch am Anfang ihrer Entwicklung, doch schon jetzt haben diese beiden Technologien viel Potenzial für den privaten, wie auch für den betrieblichen Einsatz. Darüber hinaus bieten sich auch in der Medizin interessante Anwendungsbereiche. In viele Branchen haben die neuen Möglichkeiten bereits Einzug gehalten. Während in der Industrie, dem Militär und der Luftfahrt bereits seit einigen Jahren AR und VR genutzt werden, sind sie in den Bereichen Medizin, Immobilien/Architektur, Bildung, Entertainment und Tourismus relativ neu.

In unserer schnelllebigen Zeit und bei der Masse an Informationen ist Time-to-Content, also die Zeit, die zur Suche nach Informationen benötigt wird, ein wichtiger Faktor. Gerade durch AR, aber auch mit VR ist eine schnelle Bereitstellung von Informationen möglich. Insbesondere durch AR kann die menschliche Wahrnehmung erweitert werden, beispielsweise durch eine Art Röntgenblick.[32]

---

[28]   Vgl. Grimm et al. (2013), S.134

[29]   Vgl. Matthys/Barco (2013), S.297f

[30]   Vgl. Grimm et al. (2013), S.147f

[31]   Vgl. Grimm et al. (2013), S.154f

[32]   Vgl. Mehler-Bicher et al. (2011), S.22

In diesem Kapitel möchte ich die Chancen und Einsatzmöglichkeiten der aktuell verfügbaren Technik beleuchten.

3.1 Betriebliche Anwendungsfelder von Augmented Reality

Momentan gibt es in vielen Unternehmen, ebenso wie bei den privaten Anwendern noch einen geringen Wissensstand was AR betrifft. Der dadurch entstehende Erklärungsbedarf ist hinderlich für den richtigen Umgang mit AR. Aufgrund des Wissensmangels nutzen bisher nur wenige Unternehmen AR für Kommunikation und Marketing.[33] Dabei könnten gerade diese Bereiche besonders von AR profitieren. In der heutigen Zeit sind die Kunden einer ständigen Informationsflut ausgesetzt, die das Gehirn gar nicht verarbeiten kann. Es kommen nur noch die subjektiv wichtigen Informationen an. Studien zeigen, dass nur 5 % der gedruckten Werbung die Empfänger erreicht. Anzeigen in Zeitschriften kommen im Schnitt nur 2 Sekunden Aufmerksamkeit zu und ein Werbeplakat wird in der Regel nicht länger als 1,5 Sekunden betrachtet. Eine Zeitspanne, die bei Weitem nicht ausreicht, um den Inhalt der Werbung vollständig und korrekt zu erfassen. Damit die Botschaften ankommen, müssen sie beim Empfänger Aufmerksamkeit und Interesse auslösen.[34] Aufmerksamkeit ist die Zuwendung zu einem Reiz, aus der Masse der unbewusst wahrgenommen Reize. Häufig wird Aufmerksamkeit durch bestimmte Reize, wie Farben, Geräusche oder Emotionen geschaffen. AR bietet hier eine große Vielfalt an Möglichkeiten solche Reize zu erzeugen. Große Aufmerksamkeit erzielte ein Werbegag von „Pepsi Max", bei dem eine Bushaltestelle mit einem Display ausgestattet wurde, das den Eindruck einer simplen Glasscheibe vermittelte. Durch dieses Display konnten die Passanten ein Livebild der Straße dahinter sehen. Überlagert wurde das Bild dann mit einem virtuellen Tiger, Ufos, oder einem Meteoriten, der auf die Bushaltestelle zurast.[35] Aufmerksamkeit kann aber auch entstehen, wenn der Content bewusst wahrgenommen wird, weil er Erwartungen, oder Vorwissen anspricht. Für diesen Fall sind kontext-sensitive Informationen, also Informationen, die in einem direkten Zusammenhang mit der Umgebung stehen, nützlich.[36] Beispielhaft könnten in einem Autohaus AR-Systeme installiert werden, die zusätzliche Infos zu einem Wagen liefern und dem Interessenten einen Blick unter die Karosserie gewähren. Mittels Augmented Reality kann den Kunden ein besserer Eindruck des Produkts vermittelt werden, insbesondere wenn dieses nicht direkt ersichtlich ist. Beispielsweise können Verpackungen gescannt werden und deren Inhalt als 3D-Modell dargestellt werden, wie das bei einigen Lego-Verpackungen der Fall ist.[37] Ebenso eignet sich AR dafür einen möglichst realistischen Eindruck eines Produkts beim Online- oder Katalog-Shopping zu vermitteln. Ikea beispielsweise bietet seinen Kunden an, mit einer App die Katalogartikel im Raum zu platzieren.[38] Virtuelle Spiegel ermöglichen es dem Kunden Kleidung, Accessoires, Frisuren, oder Makeup anzuprobieren, ohne die Produkte jemals wirklich in der Hand gehalten zu haben. Dadurch setzen Onlinehändler deutlich stärkere Kaufreize, als wenn sie ihre Produkte nur auf Bildern präsentieren. Zudem

---

[33]   Vgl. Schart/Tschanz (2015), S.27f

[34]   Vgl. Schart/Tschanz (2015), S.63f

[35]   Vgl. Abbott Mead Vickers BBDO (o.J.)

[36]   Vgl. Schart/Tschanz (2015), S.70f

[37]   Vgl. Schart/Tschanz (2015), S.76f

[38]   Vgl. Schart/Tschanz (2015), S.96

fällt damit ein nicht unerheblicher Teil der Kosten weg, die durch Retouren entstehen.[39] Natürlich können auch Ladengeschäfte dieses Prinzip nutzen, z.B. indem sie im Schaufenster einen Monitor installieren, der die Betrachter mit ihren Produkten zeigt. Ein Brillengeschäft könnte seine Modelle auf dem Gesicht eines Passanten platzieren.[40]

Während klassische Werbung maximal zwei Sinne, nämlich den Seh- und den Hörsinn anspricht, schafft es Augmented Reality einen weiteren Sinn zu kombinieren: den Tastsinn. Ideale Voraussetzungen also, um Aufmerksamkeit zu erzeugen. Generell gilt, umso mehr Sinne bei der Wahrnehmung einer Information beteiligt sind, desto mehr bleibt davon hängen.[41] Dazu kommt momentan noch die Neuartigkeit der Technologie in diesem Sektor, die auch für mehr Interesse bei Kunden sorgt. Der Tastsinn kommt zum Einsatz, wenn klassische Werbeflyer oder Kataloge mit AR-Technologie erweitert werden. Die Kunden halten den Werbeträger in der Hand und lesen die Informationen. Zusätzlich erhalten sie Videos, Animationen, weitere Infos und Töne. Dadurch bezieht man den Kunden emotional deutlich stärker ein, als wenn die Informationen nur über einen der drei Sinne transportiert worden wären.

Produktpräsentationen können mit Augmented Reality ansprechender gestaltet werden. Insbesondere wenn Objekte vorgestellt werden, die zu groß für eine Bühne sind (z.B. ganze Industrieanlagen, Züge, Flugzeuge) bietet sich hier die Möglichkeit den Zuschauern einen realistischen Eindruck zu vermitteln. Der Vortragende wird auf einer großen Leinwand zusammen mit dem eingeblendeten Objekt dargestellt und kann durch Gesten damit interagieren. Er kann das vorgestellte Objekt beispielsweise drehen, einzelne Bereiche verdecken oder hinzufügen, oder zoomen.[42]

Neben Marketing und Kommunikation gibt es natürlich noch weitere betriebliche Anwendungsfelder. Im Architekturbereich bietet sich die Möglichkeit einen realistischen Eindruck des geplanten Hauses, oder der geplanten Innenarchitektur zu vermitteln. Das virtuelle Haus kann so schon in der neuen Umgebung eingeblendet werden und bei einem Rundgang durch die Räume eines Verkaufsobjekts kann die gewünschte Ausstattung visualisiert werden.[43] Auch Designer können so die Wirkung ihrer neuen Produkte in der vorgesehen Umgebung betrachten.

Ebenso können in der Ausbildung und der Forschung die Vorteile der Augmentierung genutzt werden. Komplexe Sachverhalte können deutlich besser visualisiert werden. Z.B ist es leichter die Funktionsweise einer Maschine direkt an dieser Maschine zu erklären, indem man wesentliche Informationen und Abläufe im Innern auf der Oberfläche abbildet, als wenn man nur durch Bilder visualisiert. Bereits 1992 wurden Flugzeugmechaniker bei der Kabelverlegung mit AR geschult.[44] Potenziale ergeben sich somit auch in der Schulbildung.[45]

---

[39]   Vgl. Schart/Tschanz (2015), S.76

[40]   Vgl. Mehler-Bicher et al. (2011), S.81

[41]   Vgl. Schart/Tschanz (2015), S.64-67

[42]   Vgl. Mehler-Bicher et al. (2011), S.114

[43]   Vgl. Schart/Tschanz (2015), S.31

[44]   Vgl. Mehler-Bicher et al. (2011), S.128

[45]   Vgl. Schart/Tschanz (2015), S.103

Einige Unternehmen haben mittlerweile die Chance erkannt, ihren Kunden einen Service zu bieten, der nicht nur als nettes Gimmick angesehen wird. So hat z.B. Audi die App „Audi eKurzinfo" veröffentlicht, mit der Kunden bei einigen Modellen die Bedienelemente mit der Kamera ihres Smartphones scannen können. Auf dem Bildschirm werden dann Erklärungen und Anleitungen dazu eingeblendet. Auch zu Warnlampen und Fehlermeldungen kann die Anwendungen weitere Informationen liefern. Und wird die Kamera über den Motorraum gehalten, markiert ein Pfeil die exakte Position des Kühlmittel- oder Ölbehälters. Die Kunden sparen sich die Suche in der Bedienungsanleitung und haben somit einen Mehrwert. Auch zur Analyse von Steinschlägen kommt bei Audi eine AR-App zum Einsatz. Statt eine Schablone auflegen zu müssen, ermittelt die App einfach von alleine, ob der Steinschlag im Sichtbereich liegt, oder ob eine Reparatur möglich ist.[46]

In der Industrie wird die Technologie schon seit einigen Jahren genutzt, wo sie in der Wertschöpfungskette sinnvoll eingesetzt wird. Von der Wartung und Schulung, über Konstruktion, Forschung und Anlagenbau, bis hin zu Lagerverwaltung finden sich viele verschiedene Anwendungsgebiete. Wartungstechniker können sich die zu reparierenden Maschinen als 3D-Modelle anzeigen lassen und frei mit ihnen interagieren. So erhalten sie einen besseren Eindruck davon. Arbeitsanweisungen, Beschriftungen, Schaltpläne etc. werden direkt auf der realen Maschine eingeblendet. Dadurch haben die Techniker die Hände frei und müssen nicht ständig in Handbüchern und Anleitungen blättern. Prototypenbau kann sehr teuer werden. Durch AR können die Kosten deutlich gesenkt werden, da verschiedene Teile beliebig verändert werden können, ohne jedes Mal ein neues Modell anfertigen zu müssen. Vorhandene reale Prototypen lassen sich leicht um weitere Anbauteile erweitern. In der Fertigung bekommen die Mitarbeiter millimetergenaue Einblendungen für einzubauende Teile. So wird Ausschuss durch fehlerhafte Montage vermieden. Beim Anlagenbau lassen sich Maschinen lagegerecht in die Umgebung einpassen und Materialflüsse simulieren.[47] Lagermitarbeiter können sich über HMDs die optimale Route zu den Produkten einblenden lassen. Außerdem kann ein Scan der Produktverpackung weitere Informationen, wie den Bestimmungsort, oder die Zeit seit dem Eintreffen der Bestellung einblenden. Zudem kann die richtige Versandverpackung ermittelt werden. Die Verpackungsgröße wird simuliert und man sieht auf einen Blick, ob das Versandgut in den Karton passt oder nicht.[48]

Darüber hinaus wird Augmented Reality bereits seit einigen Jahren im militärischen Bereich und der Luftfahrt eingesetzt. Head-Up-Displays blenden im Cockpit relevante Informationen wie Zustandsmeldungen, oder einen künstlichen Horizont ein. Bei militärischen Übungen können Head-Mounted-Displays verschiedene Einsatzszenarien simulieren.[49] Wenn ein Gebäude erkundet oder gestürmt werden muss, können Roboter aus dem Innern ein Kamerabild liefern, das an die HMDs der Soldaten gesendet wird und perspektivisch korrekt Wände überlagert. Ein virtuelles Fenster gewährt den Soldaten quasi einen Blick ins Innere.[50]

---

[46]   Vgl. Audi Deutschland (2014)

[47]   Vgl. Schart/Tschanz (2015), S.29f

[48]   Vgl. Schart/Tschanz (2015), S.105

[49]   Vgl. Schart/Tschanz (2015), S.33

[50]   Vgl. Tönnis (2010), S.134f

3.2 Private Anwendungsfelder von Augmented Reality

Auch wenn Augmented Reality wohl eher bei den jüngeren und technikaffineren Bevölkerungsgruppen Zuspruch finden wird, erleben wir schon heute über alle Altersschichten hinweg AR-Anwendungen, die von den Meisten gar nicht als solche erkannt werden. In Fernsehsendungen werden sie vor allem in Sport-, sowie Nachrichten- und Wissenssendungen eingesetzt. Im Fußball werden oft die Laufwege der Spieler, oder Abseitslinien eingeblendet, um es dem Zuschauer leichter zu machen, die Ereignisse zu verfolgen. Soll dem Publikum Wissen vermittelt werden, bietet sich AR an, komplexe Sachverhalte zu visualisieren. Dazu werden 3D-Modelle perspektivisch korrekt neben dem Moderator dargestellt.[51] Dem gleichen Zweck dienen AR-Grafiken in Museen und Ausstellungen. Besucher erhalten zusätzliche Informationen und Animationen zu Ausstellungsstücken,[52] werden auf spielerische Weise an ernste oder schwierige Themen herangeführt,[53] und können, zu Ruinen zerfallene Gebäude, in ihrer vollen Pracht betrachten.

Auch beim alltäglichen Zeitungslesen gibt es bei einigen Verlagen die Möglichkeit, durch Augmented Reality Apps ein erweitertes Informationsangebot abzurufen. Als Beispiel dient hier der „Weser Kurier", der seinen Lesern täglich Umfragen, Videos oder Hintergrundtexte zu seinen Artikeln anbietet. Diese Art der cross-medialen Informationsgewinnung hat natürlich nicht nur für die Leser einige Vorteile, sondern sie bietet auch dem Verlag ein gutes Argument für eine Paid-Content-Strategie.[54]

Ein großes Feld für AR-Anwendungen besteht im Entertainment-Bereich. Insbesondere mobile Anwendungen für Tablet oder Smartphone bieten unzählige Möglichkeiten. Eines der besten Beispiele ist die App „Pokémon Go", die zur Markteinführung einen riesigen Hype auslöste. Das Spiel basiert auf einer Live-Karte der Umgebung, in der sogenannte „Pokéstops" verteilt sind, die die Spieler in der echten Welt besuchen können. Nutzer werden animiert, sich in ihrer realen Umgebung zu bewegen und auf die Suche nach „Pokémon" zu gehen, die dort verteilt sind. Das Prinzip basiert auf Positionstracking per GPS und Schrittzähler. Hat man eines der „Pokémon" auf der Karte in seinem Smartphone gefunden, kann man es fangen. Das Fangen funktioniert mit einer Augmentierung der Umgebung, die durch die Kamera auf der Rückseite des Smartphones aufgenommen wird. In das Bild werden die „Pokémon" eingeblendet, die mit einer gut platzierten Fingerbewegung auf dem Touchscreen eingefangen werden. Auch wenn das Spiel noch einige offensichtliche Schwächen, wie eine teilweise fehlerhafte geometrische Registrierung aufweist, zeigt es doch das große Interesse, das an einer solchen Art von Spielen besteht.

Ein weiterer interessanter Ansatz sind interaktive Bücher, bei denen ein Scan der Seiten die Figuren zum Leben erweckt, Szenen animiert oder einen passenden Sound abspielt.[55] Mehrere Sinne werden angesprochen, wodurch ein hohes Involvement des Lesers erzielt wird. Speziell bei dieser neuartigen Form des Lesens ist, dass der Leser die Figuren und Szenen, die er sich in seiner Fantasie ausgemalt hat, direkt mit den Vorstellungen des Autors vergleichen kann.

---

[51]   Vgl. Mehler-Bicher et al. (2011), S.81

[52]   Vgl. Mehler-Bicher et al. (2011), S.115

[53]   Vgl. Mehler-Bicher et al. (2011), S.89

[54]   Vgl. Mehler-Bicher et al. (2011), S.93

[55]   Vgl. Mehler-Bicher et al. (2011), S.99

Ein Bild sagt bekanntlich mehr als tausend Worte und so könnte man sich bei Sachbüchern lange Erklärungen ersparen, wenn ein 3D-Modell das Thema veranschaulicht.

Augmented Reality Geräte haben das Potenzial andere Geräte vom Markt zu verdrängen. Navigationsgeräte können z.B. komplett durch Datenbrillen oder Head-Up-Displays ersetzt werden. Der Vorteil liegt hier auf der Seite der AR-Geräte, denn diese können zusätzlich Informationen zu Gebäuden, Plätzen oder Geschäften einblenden. Interessant wird das Prinzip in Kombination mit Tourismus. Besucher haben einen virtuellen, interaktiven Stadtführer, der ihnen den Weg zu Sehenswürdigkeiten zeigt, Restaurantempfehlungen einblendet und Wissen vermittelt. Weiterführend könnten auch Warteschlangen vermieden werden, indem die Datenbrille nach einer Bestätigung durch den Träger E-Tickets kauft und auf ein verbundenes Smartphone sendet.

Einen weiteren Aspekt unseres alltäglichen Lebens, den wir mit Hilfe von AR revolutionieren können, präsentiert Microsoft im Trailer zu seiner AR-Brille „HoloLens". Frei im Raum schwebende „Bildschirme" zeigen einen Video-Chat. Dies ermöglicht größtmögliche Bewegungsfreiheit und ist komfortabler, als ein extra Gerät in der Hand zu halten. Anleitungen per Video-Chat werden ebenfalls erleichtert. Microsoft zeigt, wie auf dem Tablet skizzierte Arbeitsschritte in die Umgebung des Holo-Lens-Trägers eingefügt werden (s. Anhang C).[56]

3.3 Medizinische Anwendungsfelder von Augmented Reality

Operationswunden werden heute so klein wie möglich gehalten. Chirurgen haben keine direkte Sicht auf die Operationsstelle. Die Bilder werden von einer endoskopischen Kamera geliefert und auf einem Monitor angezeigt. Das bedeutet für den Operateur, dass er während eines Eingriffs seinen Blick vom Patienten abwenden muss und das Bild gedanklich auf den Patienten übertragen muss. Mit Hilfe einer AR-Anwendung können die Bilder der Kamera, aber auch Röntgen- oder Ultraschallbilder auf den Körper des Patienten gelegt werden. Somit wird dem Arzt quasi ein direkter Blick unter die Haut des Patienten gewährt, was den Arzt deutlich entlasten und somit die Operationszeiten verkürzen kann.[57] Schon im Vorfeld der Operation ermitteln Computersimulationen den optimale Einschnittpunkt und -winkel. Dieser Punkt wird ebenfalls eingeblendet.[58]

Besonders gut eignet sich AR auch zur Behandlung von Angstpatienten. In ersten Versuchen wurden Menschen mit Spinnenphobie bereits erfolgreich behandelt. Statt dass sich der Arzt echte Spinnen in seiner Praxis halten muss, lässt er seinen Patienten einfach virtuelle Spinnen über den Arm krabbeln. Die Behandlung kann so individueller auf den Patienten eingestellt werden.[59]

Nicht zuletzt können AR-Systeme auch in der medizinischen Ausbildung eingesetzt werden, um das Körperinnere besser zu visualisieren und Operationen zu simulieren.

---

[56] Vgl. Microsoft (2015)

[57] Vgl. Tönnis (2010), S.133

[58] Vgl. Tönnis (2010), S.136f

[59] Vgl. Schröder (2016)

3.4 Betriebliche Anwendungsfelder von Virtual Reality

Virtual Reality hat kein so weites Anwendungsfeld wie Augmented Reality und wird auf einige Branchen beschränkt bleiben. Dennoch kann es einen Mehrwert liefern, wenn es in die täglichen Arbeitsabläufe integriert ist. So ist VR fester Bestandteil in der Öl- und Gasindustrie. Dort werden, durch seismische Wellen erzeugte Bilder der Erdkruste, z.B. in CAVEs interpretiert und diskutiert. Durch den Einsatz von VR wurde die Erfolgsquote bei Bohrungen massiv gesteigert.[60]

Beim DLR setzt man auf VR, um Reparaturen an Satelliten zu simulieren. Da hardwarebedingte Satellitenausfälle hohe Kosten verursachen, forschen die Entwickler an Konstruktionen, die eine Reparatur durch Roboter oder Astronauten zulassen. In virtuellen Umgebungen evaluiert man verschiedene Konstruktionen und Arbeitsschritte. Fingertracking ermöglicht es, mit dem virtuellen Satelliten zu interagieren und auch die Bewegungen von Roboterarmen nachzuahmen. Haptische Interaktionsgeräte dienen einer realistischen Kraftrückkopplung und werden deshalb auch zur Ausbildung von Astronauten eingesetzt. An diesem Beispiel zeigen sich wieder die enormen Kosten- und Zeitersparnisse, die VR mit sich bringt. Ohne die virtuellen Modelle, müsste für jede Konstruktionsmöglichkeit ein Prototyp gebaut werden. Entscheidungsträger und Auszubildende müssten immer an den Ort des Prototyps reisen.[61]

Designs lassen sich in virtuellen Umgebungen besser entwerfen und betrachten. Ein prototypisches System für die Schuhindustrie lässt den Schuster auf virtuellen Leisten zeichnen. Er zeichnet mit einem Stift, der an einem Gelenkarm befestigt ist, quasi in die Luft. Der Gelenkarm gibt über Motoren ein haptisches Feedback, indem eine Kraft ausgeübt wird, sobald der Stift die virtuelle Oberfläche des Leisten berührt. Trackingsysteme verfolgen die Bewegung des Stifts und zeichnen auf die virtuelle Oberfläche.[62] Zum einen kann der Schuster ohne viel Aufwand seine Zeichnungen rückgängig machen und zum anderen kann er am Ende seiner Zeichnungen direkt die Oberflächen und Stoffe simulieren.

Ebenso wie AR kann auch VR zur Darstellung von architektonischen Plänen verwendet werden. Wenn es sich um theoretische Pläne, ohne bereits realisierte Teile handelt, eignet sich VR besser.

In Flug- und Rennsimulatoren setzt man schon lange auf Virtual-Reality-Systeme, um eine Vielzahl an möglichst realistischen Szenarien zu trainieren. Im Gegensatz zu den meisten Systemen in anderen Bereichen, spielt hier die Haptik eine besonders große Rolle. Oft sitzen Piloten und Rennfahrer in 1:1 Nachbauten ihrer Cockpits und steuern durch Welten, die auf großen Rundum-Bildschirmen oder -Projektionen dargestellt werden.

Thomas Cook bietet als erstes Reiseunternehmen kurze VR-Einblicke in ausgewählte Urlaubsorte und Hotels. Kunden können sich so vorab schon mal ein Bild der Destination machen. Das Unternehmen erhofft sich mit den VR-Brillen eine Steigerung der Buchungen

---

[60]   Vgl. Bogen/Rilling (2013), S.300-303

[61]   Vgl. Gerndt et al. (2013), S.303-305

[62]   Vgl. Kühnert/Brunnett (2013), S.306

und eine höhere Kundenzufriedenheit erzielen zu können.[63] Marketing-technisch hat VR also auch Potenziale, alleine schon deswegen, weil es neuartig ist und Aufmerksamkeit erzeugt.

3.5 Private Anwendungsfelder von Virtual Reality

Der nächste logische Schritt nach den kurzen Einblicken in die Urlaubsreise sind komplette virtuelle Urlaubstrips. Bevor Heimanwendungen soweit sind, eine ausreichend hohe Immersion, mit realistischer Bewegungsfreiheit zu erschaffen, könnte es Anbieter geben, die VR-Räume anbieten, in denen mithilfe von Force-Feedback-Anzügen auch die haptischen Aspekte nicht zu kurz kommen. Dabei beschränken sich die Reisen natürlich nicht nur auf herkömmliche Ziele. Auch Reisen zu entfernten Planeten, in die Vergangenheit, oder in komplette Fantasiewelten sind möglich.[64]

Der größte private Anwendungsbereich von VR ist momentan das Gaming. Mehrere Big Player der Branche haben 2016 VR-Brillen auf den Markt gebracht. Oculus Rift, Playstation VR, HTC Vive und Samsung Gear VR sind die bekanntesten. Daneben gibt es etliche billigere Anbieter, die mit dem Smartphone als Display arbeiten. Generell weisen die Komplettsysteme (mit eigenem Bildschirm) noch eine sehr geringe Verbreitung auf. Das liegt hauptsächlich an der Neuartigkeit, den noch sehr hohen Preisen und den wenigen Anwendungen für VR-Systeme. Bereits vor den Brillen gab es im Gaming-Bereich VR-Systeme, die allerdings eine deutlich geringe Immersion erzeugen. Meistens handelt es sich dabei um Rennspiele, bei denen der Spieler auf halb umbauten Sitzen sitzt, mit eingebauten Lautsprechern und dem Nachbau eines Armaturenbretts, sowie Gas- und Bremspedalen. Auch diese Systeme weisen eine geringe Verbreitung auf und sind zudem stationär begrenzt. Auch in die weniger interaktiven Bereichen wird VR auf Dauer wahrscheinlich vordringen und so 3D-Filme ablösen.

3.6 Medizinische Anwendungsfelder von Virtual Reality

Wie auch AR eignet sich zur Fort- und Ausbildung von Ärzten. VR schafft dabei wesentlich realistischere Simulationen als AR, da der Arzt komplett in die Szene eintauchen kann.

Ebenso eignet es sich zur Behandlung von Angstpatienten. Simuliert werden können z.B. Szenarien für Höhenangst, Flugangst oder Klaustrophobie. Statt sich wirklich in hohe Höhen oder in ein Flugzeug begeben zu müssen, können die Patienten einfach virtuell mit solchen Situationen konfrontiert werden. Selbst zur Schmerzbehandlung eignet sich VR in einigen Fällen. Probanden mit Nackenschmerzen sollten mit einer VR-Brille den Kopf drehen. Dabei wurde ihnen über das Bild in der Brille vorgetäuscht, dass sie den Kopf weiter gedreht hätten, als sie es in Wirklichkeit getan haben. Das führte dazu, dass diese Patienten ohne die Brille ihren Kopf weiter drehen konnten, da das Schmerzgedächtnis sich bei chronischen Schmerzen schon die Stelle verinnerlicht hat, ab der der Schmerz einsetzen muss. Einem armamputierten Mann in Schweden konnten sogar kurzzeitig die Phantomschmerzen genommen werden, indem seine Muskelaktivitäten auf die Bewegungen eines virtuellen Arms übertragen wurden.[65] Bei genügend hoher Immersion könnte sogar einem Rollstuhlfahrer das Gefühl vermittelt werden, er könne laufen.

---

[63]   Vgl. Thomas Cook (2015)

[64]   Vgl. Schindler (2015)

[65]   Vgl. Schröder (2016)

4 Risiken

Wie so oft bei neuen IT-Anwendungen ist der Datenschutz ein großer Streitpunkt. Es muss sichergestellt werden, dass die Anbieter von Hard- und Software keinen Zugriff auf personenbezogenen oder personenbeziehbaren Daten haben und diese nur zu den vorgesehenen Zwecken genutzt werden. Auch in der Kombination mit sozialen Netzwerken birgt AR große Risiken, was den Datenschutz betrifft. Es gibt bereits prototypische Anwendungen, bei denen Personen mittels Gesichtserkennung identifiziert werden und Informationen über die entsprechende Person aus verschiedenen sozialen Netzwerken angezeigt werden können. Kriminelle könnten sich das zu Nutze machen. Aber auch Behörden könnten auf Demonstrationen jeden Teilnehmer ohne dessen Einverständnis identifizieren.[66] Vor allem in der betrieblichen Nutzung und in der Medizin kann schnell eine Abhängigkeit von der Technik entstehen. Die wenigsten Computersysteme sind komplett fehlerfrei. Ein Ausfall kann millionenschwere Schäden in der Industrie auslösen, oder bei komplexen medizinischen Operationen sogar tödlich enden.[67] Genau diese Schwachstellen könnten auch Hacker ausnutzen, um Schaden anzurichten. Durch eine immer höhere Immersion verschwimmt der Übergang zwischen Realität und Virtualität.[68] Es besteht die Gefahr, dass die augmentierte, oder virtuelle als neue Realität wahrgenommen wird. Einige Menschen könnten süchtig nach der vermeintlich besseren, virtuellen Welt werden und sich nur noch in diese flüchten. Auch hier besteht wieder die Gefahr eines Hackerangriffs, der dann sogar die wahrgenommene Realität manipulieren könnte. Auch unerwünschte Werbung könnte gegen unseren Willen in unsere Umgebung eingeblendet werden.[69] Zudem treten bei einigen Nutzern Komplikationen beim Tragen von HMDs auf. Diskrepanzen zwischen visuell wahrgenommener und tatsächlicher Kopfbewegung verursachen Kopfschmerzen und Übelkeit.

5 Entwicklungsmöglichkeiten

In den meisten Bereichen sind AR und VR noch relativ neu. Ähnlich wie die Smartphones und das Internet vor einigen Jahren, haben sie noch eine sehr geringe Verbreitung. Die Entwicklung wird aber schnell von statten gehen und bereits in wenigen Jahren werden Geräte, wie die Datenbrillen selbstverständlich sein. Die Entwicklungszyklen werden sich immer weiter verkürzen und bald werden die Geräte massenmarkt-tauglich sein.[70] Zudem wird sich AR auf weitere Devices ausweiten. Potenzielle Kandidaten für eine AR-Nutzung sind z.B. Smartwatches. Aber auch Kleidung könnte als zusätzliches Ausgabegerät dienen, z.B. um haptisches Feedback zu geben. In der Smarthome-Branche werden Augmented- und Virtual-Reality ebenfalls Einzug halten. Genau wie mit Smartphones, können Heizung,

---

[66]   Vgl. Mehler-Bicher et al. (2011), S.137
[67]   Vgl. Mehler-Bicher et al. (2011), S.137
[68]   Vgl. Mehler-Bicher et al. (2011), S.137
[69]   Vgl. Mehler-Bicher et al. (2011), S.137
[70]   Vgl. Mehler-Bicher et al. (2011), S. 137

Fenster, Rollläden, etc. ferngesteuert werden. Im Internet der Dinge senden auch Kühlschränke, Überwachungskameras und Autos Daten an die Systeme.

Auch die Art der Darstellung wird sich verändern. So könnten in Zukunft richtige Hologramme erzeugt werden, ohne dass zusätzliche Geräte wie Brillen getragen werden müssen. Das Smartphone könnte als Projektor dienen. Kombiniert man das mit künstlicher Intelligenz, könnte bald jeder seinen persönlichen Assistenten bei sich tragen, wie wir es aus zahlreichen Science-Fiction-Filmen kennen.

Mit einer exakten Bilderkennung und Trackern, sowie Systemen zur Tiefenberechnung, könnte blinden oder tauben Menschen geholfen werden. Die Audioausgabe gibt das Bild, dass die Kamera erkennt wieder. Steht ein Blinder an einer Straße, kann ihm seine AR-Brille sagen, welche Farbe die Ampel gerade hat. Umgekehrt werden Geräusche aufgenommen und für den Tauben visuell aufbereitet. Ein durchaus interessanter Anwendungsbereich wäre auch die Therapie von Drogenabhängigen. Nachdem der Körper sich von den Stoffen entwöhnt hat, könnten digitale Drogen als Ersatz fungieren. Über die drei Ausgabekanäle wird die Wirkung von Drogen simuliert.

AR-Systeme haben das Potenzial irgendwann Smartphones komplett abzulösen. Im Prinzip könnten alle Funktionen eines modernen Smartphones in AR-Brillen verbaut werden. Voraussetzung dafür sind ein ausreichend leistungsstarker Akku und genügend kleine Bauteile.

In näherer Zukunft sollte man Trackingsysteme für großflächige Systeme verbinden können. Ein System, das über mehrere Räume verteilt ist, muss in der Lage sein virtuelle Objekte, die von einem, in den anderen Raum mitgenommen werden, korrekt zu platzieren. Man bräuchte also ein dezentrales Trackingsystem. Das ist in dieser Form heute noch nicht umgesetzt.[71]

6 Fazit

Augmented Reality und Virtual Reality kommen schon seit einigen Jahren zum Einsatz und dennoch sind sie den meisten Menschen noch unbekannt. Zumindest waren sie es bis zu dem Hype um die AR-App „Pokémon Go". Während VR in unserem Alltag tatsächlich noch kaum anzutreffen ist, werden wir mit AR fast täglich konfrontiert und nehmen es dennoch nicht als solches wahr. In Sportübertragungen eingeblendete Orientierungslinien beispielsweise sind mittlerweile Standard. In Industrie, Militär und Luftfahrt werden die Potenziale von augmentierter und virtueller Realität schon länger genutzt. Andere Branchen haben den Mehrwert, den die Technologien bieten können, auch erkannt und beginnen damit sie nutzen.

---

[71]   Vgl. Tönnis (2010), S.162-164

Die Entwicklung ist so weit, dass erste Systeme auf den Markt gebracht werden. Dennoch besteht noch viel Entwicklungsbedarf. Bis entsprechende Systeme massenmarkt-tauglich sind, vergehen wohl noch mindestens zwei bis drei Jahre. Besonders interessant für private Nutzer ist der Entertainment-Bereich, da hier völlig neue Möglichkeiten geschaffen werden und eine deutlich höhere Immersion als bei herkömmlichen Geräten erreicht werden kann.

In der Medizin finden die Entwicklungen schon heute sinnvoll Anwendung. Therapien für Angst-Patienten können revolutioniert und schwierige Operationen unterstützt werden.

Neben den vielen Chancen, die sich ergeben, dürfen aber auch die Risiken nicht außer Acht gelassen werden. Für viel Diskussionsstoff wird sicherlich der Datenschutz sorgen. Ebenso müssen auch Vorkehrungen getroffen werden, damit sich Menschen nicht in der virtuellen Welt verlieren können, wenn einmal der Punkt erreicht ist, ab dem Virtualität und Realität so stark verschmolzen sind, dass sie nur noch schwer zu trennen sind. Wie weit AR und VR unser Leben tatsächlich verändern werden und ob sie sich in der Gesellschaft überhaupt durchsetzen werden, bleibt abzuwarten. Schließlich könnte man Parallelen mit der 3D-Technik ziehen, der ebenfalls eine große Entwicklung prognostiziert wurde, die sich letztendlich aber nicht wirklich durchsetzen konnten, weil es für die Kunden einfach keine praktikable Lösung ist, mit den Brillen fernzusehen. Aus diesen Fehlern muss man lernen und Systeme entwickeln, die sich nahtlos in unseren Alltag integrieren können und im Idealfall gar nicht weiter auffallen. Exemplarisch ist hier eine AR-Kontaktlinse zu nennen.

Anhang A: Augmentierung eines Werbeprospekts

Anhang A: Augmentierung eines Werbeprospekts

Quelle: Talwar (2016)

Anhang B: Flysticks

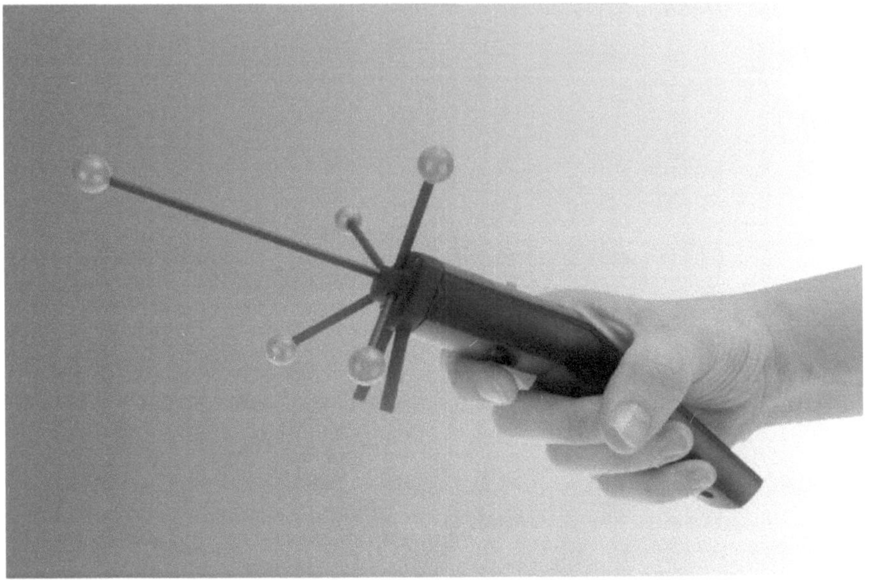

Anhang B: Flysticks mit Reflektorkugeln zum optischen Tracking

Quelle: o.V (o.J)

Anhang C: Microsoft HoloLens

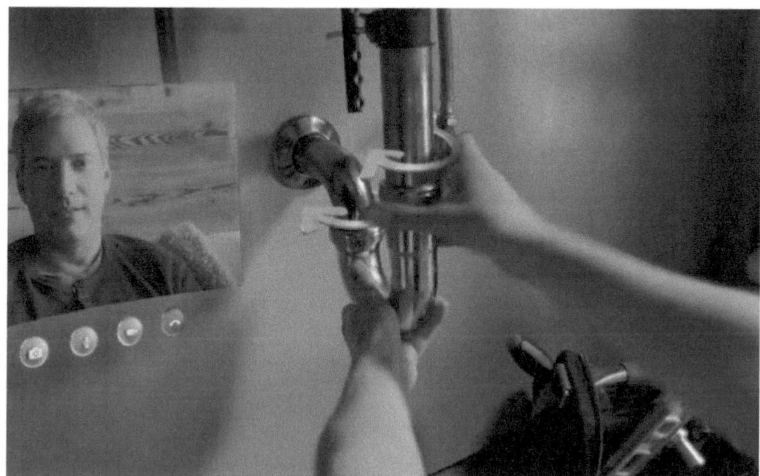

Anhang B: Unterstützung per Video-Chat - Einblendung von Skizzen des Gesprächspartners mit Microsofts HoloLens. Quelle: Screenshot von Microsoft (2015)

Literaturverzeichnis

Abbott Mead Vickers BBDO (Hrsg): *Pepsi Max Unbelievable Bus Shelter*, o.J, http://www.amvbbdo.com/work/campaign/pepsi-max-/unbelievable-bus-shelter (Zugriff: 08.11.2016)

Audi Deutschland (Hrsg): *Augmented Reality bei Audi*, 27.11.2014, https://www.youtube.com/watch?v=q1OaMLux9kg (Zugriff: 05.11.2016)

Bogen, Manfred/Rilling, Stefan: *Virtuelle Realität in der Öl- und Gasindustrie*, in: Dörner et al. (2013), S.300-303

Dörner, Ralf/Broll,Wolfgang/Grimm,Paul/Jung,Bernhard (Hrsg.): *Virtual und Augmented Reality (VR/AR)*, Berlin/Heidelberg: Springer, 2013

Gerndt, Andreas/Dodiya, Janki/Hertkorn, Katharina/Hulin, Thomas/Hummel, Johannes/Sagardia, Mikel/Wolff, Robin: *Virtuelle Satellitenreparatur im Orbit*, in: Dörner et al. (2013), S.300-303

Grimm, Paul/Herold, Rigo/Hummel, Johannes/Broll, Wolfgang: *VR-Eingabegeräte*, in: Dörner et al. (2013), S.97-125

Grimm, Paul/Herold, Rigo/Reiners, Dirk/Cruz-Neira, Carolina: *VR Ausgabegeräte*, in: Dörner et al. (2013), S.127-156

Jung, Bernhard/Vitzthum, Arnd: *Virtuelle Welten*, in: Dörner et al. (2013), S.65-94

Kühnert, Tom/Brunnett, Guido: *Virtual Prototyping von Schuhen und Stiefeln*, in: Dörner et al. (2013), S.127-156

Matthys, Geert/Barco: *Die aixCAVE an der RWTH Aachen University*, in: Dörner et al. (2013), S.297-300

Mehler-Bicher, Anett/Reiß, Michael/Steiger, Lothar: *Augmented Reality: Theorie und Praxis*, München: OldenbourgVerlag, 2011

Microsoft (Hrsg): *Microsoft HoloLens - Transform your world with holograms*, 21.01.2015, https://www.youtube.com/watch?v=aThCr0PsyuA (Zugriff: 11.11.2016)

o.V. : *Middle VR User Guide*, o.J, http://www.middlevr.com/doc/current/ (Zugriff: 17.11.2016)

Schart, Dirk/Tschanz, Nathaly: *Augmented Reality: Praxishandbuch.*, Konstanz/München: UVK, 2015

Schindler, Robert: *Virtual Reality mischt die Reisebranche auf*, 25.06.2015, http://www.it-zoom.de/mobile-business/e/virtual-reality-mischt-die-reisebranche-auf-10971/ (Zugriff: 14.11.2016)

Schröder, Katalina: *Augmented Reality – Science-Fiction für Patienten*, 11.11.2016, http://www.faz.net/aktuell/gesellschaft/gesundheit/augmented-reality-hilft-bei-flugangst-und-ops-14472454-p2.html?printPagedArticle=true#pageIndex_2 (Zugriff: 14.11.2016)

Talwar, Sushant: *Augmented Reality: How Far Have We Come?*, 05.03.2016, http://www.igyaan.in/128208/augmented-reality-how-far-have-we-come/ (Zugriff: 16.11.2016)

Thomas Cook (Hrsg): *Virtuelle Realität im Reisebüro: Die Thomas Cook-Datenbrille*, 22.01.2015, https://www.thomascook.de/unternehmen/newsroom/virtuelle-realitaet-vom-reisebuero-aus-auf-reisen-die-thomas-cook-datenbrille/ (Zugriff: 14.11.2016)

Tönnis, Markus: Aug*mented Reality: Einblicke in die erweiterte Realität*, Heidelberg: Springer, 2010

Riggers, Dennis: *Was bedeutet „Immersion" in der virtuellen Realität?*, o.J., http://vr-brillen-vergleich.info/immersion-definition-bedeutung/ (Zugriff 04.11.2016)

Rybach, David: *Elastic Bunch Graph Matching für die Objekterkennung, publiziert an: RWTH Aachen, 2003*

BEI GRIN MACHT SICH IHR WISSEN BEZAHLT

- Wir veröffentlichen Ihre Hausarbeit,
  Bachelor- und Masterarbeit

- Ihr eigenes eBook und Buch -
  weltweit in allen wichtigen Shops

- Verdienen Sie an jedem Verkauf

Jetzt bei www.GRIN.com hochladen
und kostenlos publizieren